Katharina Zürcher

DER LANDKREIS
MARBURG-BIEDENKOPF

deutsch • english • français

Wartberg Verlag

Katharina Zürcher

1949 in Marburg geboren. Studium an der Hochschule für Gestaltung Offenbach. Fotojournalistische Reisen in Europa, Afrika und Nahost. Nach der Mitarbeit als Grafikdesignerin im ZDF Wechsel zur Werbeagentur. Artdirektorin. Verheiratet. Mutter zweier Kinder. Publikationen in deutschen Fachzeitschriften, Zeitungen und Büchern. Preisträgerin zahlreicher Wettbewerbe. Pressereferentin des internationalen Kammermusikfestivals an der oberen Lahn „Eckelshausener Musiktage" und des Kulturhauses Schartenhof in Biedenkopf. Fotojournalistische Betreuung des Landkreises Marburg-Biedenkopf, Region Burgwald und Lahn-Dill-Bergland. In vielen ehrenamtlichen Verpflichtungen tätig.

Fotos und Text: Katharina Zürcher

1. Auflage 2001

Druck: Bernecker, Melsungen
Buchbinderische Verarbeitung: Büge, Celle

34281 Gudensberg-Gleichen • Im Wiesental 1 • Tel. 0 56 03/9 30 50
www.wartberg-verlag.de
ISBN: 3-86134-885-3

Vorwort

Mitten in Hessen, im Tal der Lahn, liegt der Landkreis Marburg-Biedenkopf. Er ist eine Schatzkammer mit gesunder Natur, großen Wäldern, alten Burgen, schönen Schlössern, herrlichen Fachwerkdörfern, mit einer Universität und guten Wirtschaftsstandorten.

1974 wurde im Zuge der Hessischen Gebietsreform aus den Altkreisen Marburg und Biedenkopf sowie aus der kreisfreien Stadt Marburg der Landkreis Marburg-Biedenkopf gebildet. Kleinere Gemeinden aus dem Lahn-Dill-Bergland, dem Marburger Land und der Region Burgwald wurden zu Großgemeinden zusammengefasst. 22 Städte und Gemeinden mit preisgekrönten Dörfern bilden den politischen Zusammenschluss. Sie heißen mit hessischem und internationalem Flair willkommen.

Die Universitätsstadt Marburg an der Lahn weist mit ca. 77 000 Personen die größte Einwohnerzahl der 22 Städte und Gemeinden des Landkreises auf. Ihr folgen Stadtallendorf, Kirchhain, Biedenkopf, Gladenbach, Dautphetal, Wetter, Neustadt, Ebsdorfergrund, Bad Endbach, Cölbe, Weimar, Breidenbach, Lahntal, Lohra, Amöneburg, Rauschenberg, Steffenberg, Angelburg, Münchhausen und Wohratal.

In allen Ortschaften gibt es Zentren der Trachten- und Brauchtumspflege, der vielfältigen Veranstaltungen, Feste und Märkte. Museen, kleine Heimatstuben und Werkstätten präsentieren besondere Handwerkskunst und dokumentieren ein ausgeprägtes Traditions- und Qualitätsbewusstsein.

Theater, Konzerte und Ausstellungen erweisen sich als große Publikumsmagnete, Kulturarbeit hat in diesem Landkreis hohen Stellenwert.

Regionale Kooperation und Internationalisierung gewinnen im Wirtschaftsstandort Marburg-Biedenkopf zunehmend an Bedeutung. Der Landkreis verfügt über ein starkes, gewachsenes Gewerbe und eine große Investitionsbereitschaft der Industrie.

Kleine Bergkuppeln aus vulkanischer Zeit, große Wälder, weite Wiesen und Felder, uralte Bäume, Moore, Seen und Flusslandschaften tragen zu einer sehr erhaltenswerten Landschaft bei. Schöne Aussichtspunkte verschaffen einen wunderbaren

Landkreis Marburg-Biedenkopf

Rundblick. Ein optimales Wegenetz, das sich über den Landkreis erstreckt, erlaubt ausgiebige Reit-, Wander-, Kanu- und Fahrradtouren. Zudem werden Segelflüge und Heißluftballonfahrten angeboten.

Der Landkreis bietet Kneippheilbäder in Gladenbach und Bad Endbach, die mit einem ausgezeichneten Kur- und Fitnessprogramm aufwarten, unterstützt durch anregendes Reizklima und frische Luft.

Das bunte, gepflegte und gastliche Ambiente der Region und die studentenfreundliche, internationale Stadt Marburg mit ihren schönen Cafés und Kneipen wird von den Studenten und Professoren der Universität sowie den Touristen sehr geschätzt.

Rund 18 000 Studierende sind in der 1527 als erste protestantische Hochschule gegründeten Universität Marburg immatrikuliert.

Viele Nationalitäten sind im Landkreis Marburg-Biedenkopf beheimatet. Die Mentalität der Bevölkerung zeichnet sich dennoch sehr hessisch und sehr traditionsbewusst aus. Es braucht seine Zeit, bis sich die Einheimischen Neuem gegenüber öffnen, das aber macht diese Gegend auch so reizvoll. Der Landkreis Marburg-Biedenkopf ist ein zentraler Ausgangspunkt für Ausflüge und ein Paradies für Entdeckungsreisende, die individuell auf Spurensuche gehen und viele Schätze aufspüren können. Ob zu Fuß oder mit dem Fahrrad: dem Betrachter zeigt sich eine Region mit verschwenderischer Fülle der Natur und Geschichte.

BIEDENKOPF

Blick auf den **historischen Stadtteil von Biedenkopf** mit dem Landgrafenschloss, der Stadtkirche und dem Hexenturm *(großes Bild)*. Seit 1180 besteht eine mächtige Burganlage auf dem Bergkegel. 1254 erhielt Biedenkopf das Stadtrecht.

Der **Oberstädter Marktplatz** *(oben links)* befindet sich im eigentlichen Mittelpunkt der Altstadt, umgeben von kleinen Fachwerkhäusern, dem alten Rathaus von 1732 und der im neugotischen Stil erbauten Stadtkirche. Der goldene Löwe hält mit seinen Pranken das Stadtwappen.

View of the historical city district with the count's castle, the city church and the „Hexenturm" (witch's tower) *(big photo)*. At the Oberstadtädter market square are the market fountains with a golden lion which holds the city coat of arms in its paws *(left above)*.

Vue sur l'ancien Biedenkopf avec le château des landgraves, l'église et la tour des sorcières *(grande photo)*. Sur la place du Marché de la ville haute se trouve la fontaine du marché ornée d'un lion doré qui tient entre ses pattes les armes de la ville *(à gauche en haut)*.

Im Stadtteil Eckelshausen befindet sich der über 300 Jahre alte **Schartenhof.** Er ist heute Kulturzentrum mit Ausstellungen, Lesungen, Puppenatelier, Marionettentheater und zahlreichen Konzerten. Er ist die Geburtsstätte der „Eckelshausener Musiktage", einem internationalen Kammermusikfestivals, das jährlich vor Pfingsten in verschiedenen Ortschaften des oberen Lahntals stattfindet.

In the city district of Eckelshausen is the over 300 years old Schartenhof. Today it is a culture center.

Dans le quartier Eckelshausen se trouve le Schartenhof, vieux de 300 ans. C'est aujourd'hui un centre culturel.

Biedenkopf liegt an der **Lahn,** einem der romantischsten Flüsse Deutschlands. Die Lahn ist von üppiger Pflanzenwelt umgeben und bietet intakte Lebensräume für die Tierwelt. Ideal zum Rad wandern und Kanu fahren.

Biedenkopf is situated next to the Lahn, one of the most romantic rivers in Germany.

Biedenkopf est baigné par la Lahn, une des rivières les plus romantiques d'Allemagne.

Blick von der **Sackpfeife** ins Wittgensteiner Land. Im Winter ermöglichen schön gespurte Langlaufloipen und Skiabfahrten guten Wintersport auf Biedenkopfs Hausberg. Spaziergänger genießen die hohe Lage und die abwechslungsreichen Aussichten. Im Sommer lädt eine Superrutschbahn Jung und Alt zu einer rasanten Fahrt ins Tal ein.

View from the Sackpfeife into the Wittgenstein land.

Le pays de Wittgenstein vu de la Sackpfeife.

Die Sackpfeife, mit 674 Metern ü.M. höchster Berg der Region, gehört zu den beliebten Ausflugszielen des Landkreises Marburg-Biedenkopf. Vom **Aussichtsturm** bietet sich ein phantastischer Rundblick in das Umland.

The Sackpfeife at 674 meters is the tallest mountain in the region and has a lookout tower.

Le belvédère de la Sackpfeife, la plus haute montagne de la région (674 mètres audessus du niveau de la mer).

Die romanische **Kirche in Eckelshausen,** Stadtteil Biedenkopf, ruht auf einem kleinen Felsvorsprung im Lahntal. In ihr wirkte vor der Reformation einst Johannes Bonemilch, der später in Erfurt Martin Luther zum Priester weihte. Mächtige Lindenbäume säumen den Weg zur Kirche.

The roman church in Eckelshausen rests on a little rock outcrop in the Lahn valley.

L'église romane d'Eckelshausen repose sur une petite avancée rocheuse dans la vallée de la Lahn.

In vielen Städten und Gemeinden des Landkreises Marburg-Biedenkopf sind kleine Museen durch Heimatpflege- und Brauchtumsgruppen entstanden. Dort wird altes Gerät vorgeführt, um Vergangenes lebendig werden zu lassen, z.B. in der **Dorfstube Engelbach** *(links)*.
Das Landgrafenschloss Biedenkopf präsentiert in seinem Museum u.a. das Handwerk der **Tuchmacher und Blaufärber**, die einst in Biedenkopf zahlreich vertreten waren. Mit Holzdruckstöcken *(unten)*, die mit geschnitzten Holzornamenten oder aneinandergereihten Messingstiften versehen waren, konnte man Stoffmuster im Rapport bedrucken.

In the area around Marburg-Biedenkopf many small museums have popped up because of local tradition and customs groups. An example would be the town parlor Engelbach *(left)*.
The count's castle Biedenkopf presents in its museum among other things hand crafts from the cloth makers and blue dyers *(below)*.

L'arrondissement de Marburg-Biedenkopf est riche en petits musées créés à l'initiative d'associations régionales, comme la «Dorfstube» d'Engelbach *(à gauche)*.
Le château des landgraves de Biedenkopf présente dans son musée le métier des drapiers et des teinturiers *(ci-dessous)*.

Noch da und dort anzutreffen: echte **Trachtenträgerinnen** mit der regionalen Werktags- oder Sonntagstracht. Diese Bäuerin kennt noch den Umgang mit dem Spinnrad, flink zaubert sie aus Schafwolle einen schönen Faden *(rechts)*.

Der **Blaudruck** ist die älteste Art des Zeugdrucks. Er zeichnet sich aus durch die weiße Musterung auf blauem Grund *(unten)*.

Woman in traditional protestant costume. This farmer woman still knows how to use a spinning wheel *(right)*. The „Blaudruck" (printing white patterns on blue dyed cloth) is the oldest type of textile printing *(below)*.

Femme portant le costume protestant. Cette paysanne sait encore se servir d'un rouet *(à droite)*.
Une des plus anciennes techniques d'impression sur étoffe *(ci-dessous)*.

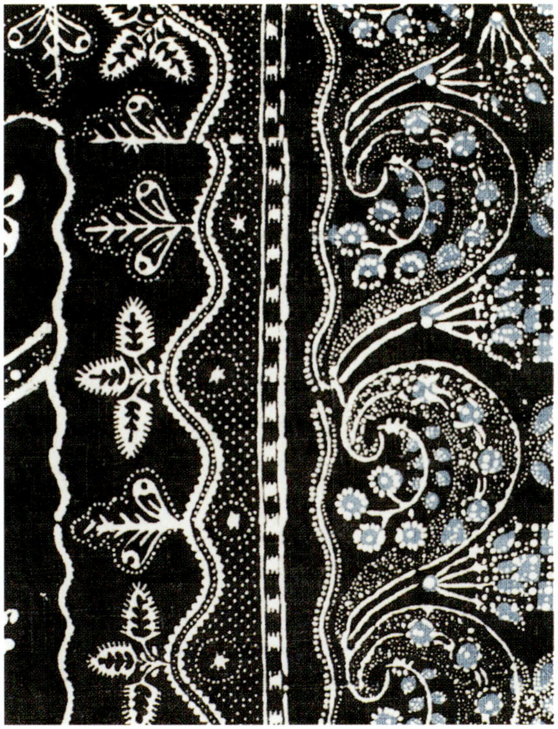

DAUTPHETAL

Eine vielfältige Landschaft prägt die Lebensqualität der Region. Große Wald- und Wiesenflächen und eine **reizvolle Mittelgebirgslandschaft** bieten ein ideales Terrain für Wanderer, Radfahrer und Erholungssuchende. Oftmals wird man an gewittrigen Herbsttagen Zeuge eines herrlichen Naturschauspiels, dessen intensive Farbigkeit das Landschaftsbild sekundenschnell verändert. Zum Beispiel auf dem Spazierweg zwischen den Dautphetaler Ortsteilen Holzhausen und Herzhausen.

Autumn landscape in Dautphetal. Large forest and field landscapes and a stunning middle mountain landscape offer an ideal terrain for hikers, bikers and people looking to just relax.

Paysage d'automne à Dautphetal. Avec ses grandes forêts, ses prés et ses paysages vallonés, c'est un endroit idéal pour les promeneurs, les cyclistes et ceux qui cherchent le repos.

Im Dautphetaler Ortsteil Silberg schmückt eine kleine rechteckige **Fachwerkkirche** mit sechseckigem Dachreiter das Dorfzentrum. Dank der Initiative „Förderkreis Alte Kirchen“ ist dieses Kulturdenkmal vor dem Abriss verschont geblieben.

In Dautphetal district Silberg a small square half-timbered church with a hexagonal tower decorates the town center.

A Silberg, un des faubourgs de Dautphe, la petite église à colombage rectangulaire et à clocheton hexagonal orne le centre du village.

Die aus dem 12. Jahrhundert stammende **Dautphetaler Martinskirche** ist das älteste sakrale Bauwerk im Hinterland des Landkreises. Eine Spitzbogen-Holztonnendecke sorgt für eine phantastische Akustik und erlaubt den wunderbaren Blick zum Triumphbogen des Chores und der Böttner-Orgel.

The Dautphetal Martin Church, which was built in the 12th century is the oldest sacred building in the Marburg-Biedenkopf area. Yearly the closing concert of the Chamber Music Festival „Eckelhausener Music Days“ takes place here.

L’église St. Martin de Dautphetal date du 12ième siècle et est un des plus anciens monuments sacrés de l’arrière-pays de l’arrondissement de Marburg-Biedenkopf. Tous les ans y a lieu le concert de clôture des «Journées Musicales d’Eckelshausen», un festival international de musique de chambre.

Holzhausen mit seiner 750-jährigen Geschichte ist reich an schön restaurierten Fachwerkhäusern mit ornamentalem Kratzputz. Die Trachtentanzgruppe „Die Vujelcher“ hat ein ehemaliges landwirtschaftlich genutztes Gebäude, das dem Verfall preisgegeben war, zu einem zentralen Platz im Hünstein-Ort restauriert. Die bäuerlich eingerichteten Räume der **Kulturscheune** werden von Vereinen genutzt.

Holzhausen with its 750 year history is rich with beautiful restored half-timbered houses with ornamental „Kratputz“ (ornamentally scratched plaster).

Holzhausen, avec ses 750 ans d'histoire, est riche en maisons à colombage joliments restaurées (ornements réalisés au moyen de la technique de l'enduit gratté).

Der große **Fachwerk-Industriebau Carlshütte** von 1844 liegt zwischen Friedensdorf und Buchenau. Bis zur Mitte des 20. Jahrhunderts diente die Carlshütte als Eisenhütte zur Erzverarbeitung. Ihr Erscheinungsbild wird durch das Lagerhaus mit dem markanten Fachwerk, den großen Fenstern und dem Dachreiter geprägt.

The large half-timbered industrial building Carlshütte from 1844 served until the middle of the 20th century as an iron hut for ore processing.

Le grand bâtiment industriel à colombage de «Carlshütte» datant de 1844 a servi d'usine sidérurgique jusqu'au milieu du 20ième siècle.

Die alte Kirche in Friedensdorf, Ortsteil Dautphetal, bietet Heimat für **Mundartkultur**. Sie ist Veranstaltungsort für Dialektlesungen und kleine Ausstellungen. In ihr ist ein Heimatmuseum untergebracht, in dem u.a. ein alter Webstuhl von 1637 auch noch heute für Webarbeiten zur Verfügung steht.

The old church in Friedensdorf is the presentation place for dialect readings and small exhibits.

La vieille église de Friedensdorf accueille des conférences en dialecte et de petites expositions.

In Elmshausen, Ortsteil Buchenau, kann man den Spuren der Ritter von Hohenfels folgen oder auf Entdeckung zeitgenössischer Aktivitäten gehen. Diese **„Taucherskulptur“** schmückt die Einfahrt eines alten Fachwerk-Wirtschaftsgebäudes.

This „Diver Sculpure“ decorates the driveway of an old half-timbered pub building.

Cette sculpture représentant un plongeur décore l'entrée d'anciens communs à colombage.

GLADENBACH

Im Gladenbacher Stadtteil Rachelshausen steht diese kleine **Fachwerkkirche.** Sie wurde 1680 in Stockwerksbauweise erstellt, mit reicher Hölzeranordnung ausgestattet und mit einem Spitzhelmdachreiter versehen *(großes Bild)*.

In Erdhausen lebte der Maler und Künstler Karl Lenz (1898–1948). Mit einer meisterlichen Beobachtung des ländlichen Lebensraums beschrieb er malerische Winkel in seinen Bildern. Von der romanischen Anlage der evangelischen Kirche in Erdhausen ist heute nur noch dieser **Wehrturm** vorhanden *(oben links)*.

The half-timbered church in Rachelshausen was built in 1680 and received a pointed helmet tower *(big photo)*. From the roman construction of the protestant church in Erdhausen, today only this tower can be found *(left above)*.

L'église à colombage de Rachelhausen est une église à étages construite en 1680 et surmontée d'un clocheton (au toit en coupole) *(grande photo)*. Cette tour est le dernier vestige de l'ensemble roman de l'église protestante d'Erdhausen *(en haut à gauche)*.

Rachelshausen liegt in 340 m Höhe. Von hier aus eröffnet sich dem Betrachter ein fabelhaftes **Panorama** mit zahlreichen bewaldeten Hügeln, weiten Wiesen und Feldern *(großes Bild)*.

Heißluftballontreffen in Gladenbach: Dieser Heißluftballon, mit dem Logo der Stadt Gladenbach ausgestattet, wirbt für den dort jährlich stattfindenden **Kirschenmarkt.** Das Volksfest gehört zu den großen Festen in der Region des Lahn-Dill-Berglands und des Landkreises Marburg-Biedenkopf. Im Spätsommer treffen sich aus der gesamten Bundesrepublik regelmäßig Heißluft-Piloten in Gladenbach, um einen freundschaftlichen Wettbewerb auszutragen *(oben rechts)*.

Rachelshausen is 340 meters high. From here one has a worthwhile view of the surrounding countryside *(big photo)*.
Hot air balloon meeting in Gladenbach. This hot air balloon advertises for the cherry market, which happens there every year *(above right)*.

Rachelshausen est à 340 mètres d'altitude. On a de là une vue intéressante sur les environs *(grande photo)*.
Rencontre de montgolfières à Gladenbach. Cette montgolfière fait de la publicité pour le marché aux cerises qui a lieu là tous les ans *(en haut à droite)*.

Im Gladenbacher Stadtteil Mornshausen befindet sich die noch heute aktive **Hüttenmühle.** Sie wurde Mitte des 16. Jahrhunderts erbaut und hatte einst die Funktion einer Silberschmelze. In direkter Nachbarschaft befand sich eine Silbermine, in der das sogenannte Brandtsilber gewonnen wurde. Im 17. Jahrhundert stellte man aus wirtschaftlichen Gründen die Mühle auf Getreidemahlen um. Heute wird sie nur noch zur hauseigenen Stromgewinnung genutzt.

In Gladenbach, in the district of Mornshausen a hut mill still exists and is still active. It was built in the middle of the 16th century and once functioned as a silver smelt.

Le moulin de Monshausen, un faubourg de Gladenbach, fonctionne toujours. Construit au 16ième siècle, c'était alors une fonderie d'argent.

Die um 1586 errichtete **Rüchenbacher Kapelle** gehört zu den ältesten und schönsten Fachwerkkirchen in Stockwerksbauweise und außen ablesbarer Geschossteilung.

The Rüchenbacher Chapel which was built in 1586 belongs to the oldest and most beautiful multi-stored half-timbered churches.

La chapelle de Rüchenbach, édifiée vers 1586, est une des plus anciennes et plus belle églises à étages.

Die **Wolfskapelle** stammt aus dem 12. Jahrhundert, sie besitzt einen gotischen Saal und eine Bronzeglocke aus dem Jahr 1456. Eine Sage schildert ihre Namensgebung: Ein Wolf sperrte sich versehentlich während einer Verfolgungsjagd nach einem Kalb in dieser Kapelle ein. Das Kalb entkam, der Wolf war gefangen. Seitdem trägt die Kirche den Namen „Wolfskapelle".

The Wolfs Chapel in Friebertshausen, from the 12th century, has a gothic hall and a bronze bell from 1456.

La chapelle du Loup de Friebertshausen date du 12ième siècle et possède une salle gothique ainsi qu'une cloche en bronze de 1456.

LOHRA

Dieses attraktive **Fachwerkhaus,** ein Meisterwerk der Zimmermannskunst, liegt in unmittelbarer Nähe der alten Wehrkirche in Lohra.
Lohra ist der größte Ortsteil der gleichnamigen Gemeinde, deren Geschichte sich bis in die Mitte des 8. Jahrhunderts zurückverfolgen lässt.

This attractive half-timbered house, a masterwork of carpentry, is very close to the old fortress church in Lohra.

Cette charmante maison à colombage, un chef d'œuvre de charpenterie, se trouve tout près de la vieille église fortifiée de Lohra.

Die kleine Kirche in Altenvers, Ortsteil Lohra, aus dem 9. Jahrhundert ist die einzige erhaltene **Hufeisenkirche** in Deutschland. Noch heute nutzt man sie für Taufen und Hochzeiten. Der Verein für Geschichte und Volkskunde Lohra e.V. schützte die Hufeisenkirche 1979 vor dem Abriss und restaurierte sie mit viel Engagement *(großes Bild)*.

Der **romanische Rechteckbau** der alten Kirche in Kirchvers am Elisabeth-Pfad mit seinem massiven Haubendachreiter *(oben rechts)* verfügt im Innenbereich über Emporen des 17. Jahrhunderts mit barocken Brüstungsmalereien.

The small church in Altenvers is the only standing horseshoe church in Germany. It was built in the 9th century *(big photo)*.
Inside the roman square building of the old church in Kirchvers are lofts from the 17th century with baroque parapet wall paintings *(above right)*.

La petite église d'Altenvers est la dernière église en fer à cheval d'Allemagne. Elle a été construite au 9ième siècle *(grande photo)*.
A l'intérieur de la vieille église de Kirchvers, un bâtiment rectangulaire roman, se trouvent des galeries du 17ième siècle aux balustrades ornées de peintures baroques *(en haut à droite)*.

BAD ENDBACH

Auf der **Bottenhorner Höhenfläche** fühlt man sich dem Himmel sehr nahe. Bad Endbach bietet Wanderfreunden und Spaziergängern eine ausgezeichnete Wegebeschilderung sowie ausführliche Literatur über Wanderrouten *(großes Bild)*.

Die Sanierung der alten Schule schuf einen kulturellen Mittelpunkt der Gemeinde Bad Endbach. In dem Gebäude sind eine Galerie und ein **Kneipp-Museum** eingerichtet. In dem Kulturhaus finden Ausstellungen, Lesungen und Vorträge statt *(oben rechts)*.

On the Bottenhorn plains, an Eldorado for hikers, one feels very close to heaven *(big photo)*.
The renovation of the old school created a cultural middle point of the community of Bad Endbach. In the building are a gallery and a Kneipp museum *(above right)*.

Sur les hauteurs de Bottenhorn, un paradis pour les randonneurs, on se sent tout près du ciel *(grande photo)*.
Depuis sa restauration, l'ancienne école est devenue le centre culturel de la commune de Bad Endbach. Ce bâtiment abrite une galerie et un musée Kneipp *(à droite)*.

Der Bad Endbacher **Kurpark** beginnt am Kurhaus und Bürgerhaus und erstreckt sich anschließend weit in eine schöne Landschaft. Er präsentiert sich naturnah und lädt zu zahlreichen Aktivitäten ein. Ein Kräutergarten, ein Rundweg mit Tret- und Armtauchbecken sowie ein Kneipp-, Barfuß- und Erlebnispfad sind besondere Anziehungspunkte *(großes Bild)*.
Büste von **Sebastian Kneipp** *(links oben)*.

An herb garden as well as a Kneipp, barefoot and experience path are special attractions at the Bad Endbach spa park *(big photo)*.
Bust of Sebastian Kneipp *(above left)*.

Le parc de Bad Endbach est riche en attractions: on y trouve entre autres un jardin des plantes et un parcours Kneipp *(grande photo)*.
Buste de Sebastian Kneipp *(en haut à gauche)*.

ANGELBURG

In Gönnern, Ortsteil Angelburg, standen bis zur Jahrhundertwende ausschließlich Fachwerkhäuser. Sie entsprechen in ihrer Art dem Typ der hessisch-fränkischen Bauweise. Das **„Mellepauls-Haus“** in der Gasse, 1767 errichtet, ist ein Beispiel für das reiche Balkenschnitzwerk und die Vollkommenheit der Fachwerkkonstruktion *(rechts)*.

Im Dorfmittelpunkt Gönnerns steht dieses **Backhaus,** das 1712 erbaut wurde. Ähnlich den Backhäusern von Niedereisenhausen und Steffenberg ist es mit mächtigen Steinmauern und einem aufgesetzten Walmdach versehen *(Seite 25)*.

Up until the turn of the century there were only half-timbered houses in Angelburg. They correspond, in their way, to the hessian-frankish manner of construction *(right)*.
In the center of the town of Gönnern stands this bakery which was built in 1712 *(page 25)*.

Jusqu'au tournant du siècle, on ne trouvait à Angelburg que des maisons à colombage. Elles étaient construites dans le style hessois-franconien *(à droite)*.
Ce fournil construit en 1712 se trouve au centre du village de Gönnern *(page 25)*.

STEFFENBERG

Kulinarischer Herbst: Knorrige, hohe und weit ausladende, reich tragende Obstbäume gehören zu dem ökologischen Vorzugsraum des Landkreises Marburg-Biedenkopf. Es gibt viele schmackhafte Apfelsorten, die nicht nur im rohen Zustand zu genießen sind, sondern auch in leckeren regionalen Backrezepten verwendet werden. Kostproben sind auf den zahlreichen Märkten, Festen und während des kulinarischen Herbstes der Gastronomie zu entdecken. Im Steffenberger Ortsteil Quotshausen wird das Obst bei einer alten Mühle gesammelt und an eine Mosterei im Burgwald weitergegeben. Der herrliche Apfelsaft und Most gehört zu den beliebten Getränken der Region.

High and far reaching, richly bearing fruit trees belong to the ecological advantage area of the district Marburg-Biedenkopf.

On trouve ces grands arbres fruitiers aux branches noueuses chargées de fruits dans la région de Steffenberg.

Im mittleren **Hörletal,** zwischen den Ortsteilen Oberhörlen und Quotshausen, liegt das von wunderschöner weitläufiger Landschaft umgebene Niederhörlen. Von hier aus sind große Wandertouren durch die südöstlichen Ausläufer des Rothaargebirges sehr empfehlenswert.

In the middle of Höretal valley lays Niderhörlen, which is surrounded far and wide by beautiful landscape.

Niederhörlen, situé au milieu de la vallée de Hörle, est entouré d'un paysage magnifique.

In Niedereisenhausen, dem größten Ortsteil der Gemeinde Steffenberg, steht diese 1844 erbaute Scheune, mit den vornehmlich **floralen Kratzputzornamenten.** Die Kratzputztechnik geht bis in das 16. Jahrhundert zurück. In Marburg-Biedenkopf gibt es vier Arten des Kratzputzes: Der Stempelputz, Tüpfeltechnik, aufgerauhte Flächenmuster und die Relieftechnik wie in der Abbildung *(oben)*.

Quotshausen liegt in einer geschützten Talmulde an dem kleinen Flüsschen Perf. In dem sehr ländlich strukturierten Dorf befindet sich ein liebevoll saniertes, altes Fachwerkbackhaus sowie eine kleine **Fachwerkkirche** aus dem 17. Jahrhundert *(links)*.

In Nidereisenhausen stands this barn, which was built in 1844 with the formal floral „Kratzputz“. The technique used to do this goes back to the 16th century *(above)*.
In the town Quotshausen is a lovely renovated old half-timbered bakery house as well as a little half-timbered church from the 17th century *(left)*.

Cette grange construite en 1844 se dresse à Niedereisenhausen. Ses murs sont ornés de motifs floraux obtenus au moyen d'une technique remontant au 16ième siècle (technique de l'enduit gratté) *(en haut)*.
Dans le village de Quotshausen se trouve un vieux fournil à colombage amoureusement restauré ainsi qu'une petite maison à colombage du 17ième siècle *(left)*.

BREIDENBACH

Die Breidenbacher **Trachtentanzgruppe** gehört zu den Folkloregruppen des Landkreises, die die typischen Tänze ihrer Region auf regionalen und internationalen Trachtenfesten präsentieren *(oben links und rechts)*.
Zur besonderen Spezialität des Landkreises gehört das **Kartoffel braten.** Der besondere Geschmack einer in Holzasche gegarten Kartoffel, gewürzt mit ein wenig Butter und Salz, ist ein unvergessliches Gourmet-Erlebnis *(rechts)*.

The Breidenbach traditional dance group presents the typical dances of the region at regional and international „Tracht" (garb) festivals *(above left and right)*.
Potato baking in wood coals belongs to the extra specialties of the region *(right)*.

La troupe de danses folkloriques de Breidenbach présente les danses typiques de sa région lors de fêtes en folkloriques régionales et internationales *(en haut à droite et à gauche)*.
Les pommes de terre cuites dans la cendre de bois sont une des spécialités de l'arrondissement *(à droite)*.

An das kleine Flüsschen Perf schmiegt sich der Breidenbacher Ortsteil **Wolzhausen.** In der Nachbarschaft schöner Bäume steht eine kleine Kapelle, deren Bruchsteinmauern aus den Resten einer mittelalterlichen Anlage gefügt sind.

In the neighborhood of beautiful trees stands a small chapel whose stone walls consist of the rests of a fortification from the middle ages.

Dans le voisinage de beaux arbres se trouve une petite chapelle dont les murs ont été construits avec des pierres provenants d'un complexe médiéval.

Niederdieten ist 700 Jahre alt; die Bewohner des Breidenbacher Grundes waren im 18. Jahrhundert größtenteils Leibeigene der Herren von Breidenbach. Heute stellt sich der Ort selbstbewusst dar. Ein sehr reich mit Kratzputz verziertes Haus repräsentiert das stolze Traditionsbewusstsein dieses Dorfes.

Niederdieten is 700 years old. A house, very richly decorated with scratch art represents the proud traditional character of this town.

Cette maison richement décorée est la preuve que les habitants du village Niederdieten vieux de 700 ans sont fiers de leurs traditions.

MÜNCHHAUSEN

Das Mühlrad der **Hutschmühle** in Münchhausen steht still, erinnert aber an eine Zeit, in der zahlreiche Mühlen in dieser Gemeinde an der Wetschaft im Burgwald in Betrieb waren: die Heilige Mühle, die Hellwigsmühle in Obersimtshausen, die Herrenmühle in Mittelsimtshausen und die Tillmannsmühle in Untersimtshausen

The mill wheel of the Hutsch Mill in Münchhausen stands still, but reminds of the time in which countless mills were in operation in this community.

La roue de ce moulin (Hutschmühle) de Münchhausen ne tourne plus. Mais elle rappelle le temps où de nombreux moulins de cette commune étaient encore en exploitation.

Ein gigantischer Stein, der unterhalb des Christenbergplateaus liegt, wurde in den 70er Jahren bei Wasserbohrungen auf dem Christenberg freigeschwemmt. Man richtete ihn an Ort und Stelle auf, sodass seine Form die Figur einer riesigen **Steinmaus** darstellt.

This gigantic stone was put here to represents a huge stone mouse.

Une gigantesque souris de pierre.

Auf dem Hochplateau des Christenbergs wurde im 11. Jahrhundert der romanische Hauptbau einer Wehrkirche errichtet und 1520 der hochgotische Chor der **Martinskirche** dazugebaut *(großes Bild)*.

Der **Kircheninnenraum** des zweischiffigen Hallenlanghauses aus dem 15. Jahrhundert in Niederasphe, Ortsteil Münchhausen, strahlt eine wunderbare Ruhe aus. Mächtige Rundsäulen ohne Kapitelle stützen das Rippengewölbe dieses Bauwerks *(rechts oben)*.

On the high plateau of the Christenberg the roman main building of a fortress church was built in the 11th century and in 1520 the high gothic choir of the Martin Church was added *(big photo)*.
The church interior of the two masted long-house from the 15th century in Niederasphe has a wonderfully peaceful aura *(above right)*.

Le bâtiment principal d'une église romane fortifiée a été édifié au 11ième siècle sur le plateau de Christenberg. En 1520 s'y est ajouté le chœur de style rayonnant de l'église St. Martin *(grande photo)*.
Un calme merveilleux se dégage de la nef-halle du 15ième siècle de l'église de Niederasphe *(en haut à droite)*.

WETTER

Die Gesamtanlage der **Stiftskirche St. Maria** in Wetter steht im System und im Grundriss unter dem unmittelbaren Einfluss der Elisabethkirche in Marburg. Die Stiftskirche ist in der Zeit von 1250–1280 erbaut worden. Das Innere der gotischen Hallenkirche weist eine enorme Farbigkeit mit rotem, gelben und weiß-grauem Anstrich des Mauerwerks auf. Eine barocke Orgel, von Johann Andreas Heinemann 1766 gebaut, krönt die Westempore *(rechts)*.

Typisch für den Landkreis sind die Fachwerkbauten, das **Sand- und Bruchsteinmauerwerk** *(unten)*.

Stifts Church St. Maria in Wetter was built between 1250–1280. The interior of the gothic hall church shows much color *(right)*.
Typical of the county are the half-timbered buildings, the sandstone and broken stone masonry work *(below)*.

La collégiale St. Martin de Wetter a été construite entre 1250 et 1280. L'intérieur de cette église-halle gothique est riche en couleurs *(à droite)*.
Les bâtiments à colombage, les murs de grès et de moellons sont typiques de de cet arrondissement *(en bas)*.

Die Stadt Wetter verfügt über eine sehr gut sanierte historische Altstadt. Das **alte Rathaus** am Wetteraner Marktplatz bildet mit den benachbarten schmucken Fachwerkhäusern und der Stiftskirche eine sehr schöne Einheit.

The city Wetter has a very well renovated old-town area. Here is the old town hall on the Wetter marketplace.

La Cité de la ville de Wetter est très bien restaurée. Ici le vieil hôtel de ville sur la place du Marché.

Gegenüber dem Rathaus der Stadt Wetter befinden sich die **drei ältesten Wohnhäuser** aus dem 16. Jahrhundert. Die Geschichte der Stadtschänke lässt sich bis 1526 zurückverfolgen, da sie als Stiftsbrauerei des Stiftes Wetter genutzt wurde.

Across from the Wetter's town hall are three of the oldest residential houses from the 16th century.

En face de l'hôtel de ville de Wetter se trouvent les trois plus vieilles maisons de la ville. Elles datent du 16ième siècle.

Auf dem Weg vom Lahntaler Ortsteil Brungershausen zur Stadt Wetter passiert man zwischen Warzenbach und Oberndorf den 317 Meter hohen **Bollenberg.** Zu jeder Tageszeit bietet sich hier über Felder und Wiesen hinweg eine phantastische Aussicht in das Westhessische Berg- und Senkenland *(großes Bild)*.

At any time of day from the 317 meter high Bollenberg Mountain one has a fantastic view far over fields into the west Hessian mountain and lowlands *(big photo)*.

Du haut des 317 mètres du Bollenberg, on a à toute heure du jour une vue fantastiques sur les vallées et les monts de l'ouest de la Hesse *(grande photo)*.

Das Teehäuschen von Amönau, auch **„Lusthäuschen"** oder „Rapunzelhäuschen" genannt, wurde kurz vor dem Dreißigjährigen Krieg durch Hedwig von Bodenhausen erbaut. Das kleine Fachwerkgebäude ist auf der Mauer des alten Schlosshofes errichtet. Es diente dem Maler Otto Ubbelohde (1867–1922) als Motiv für seine Illustration des Märchens „Rapunzel" *(rechts unten)*.

The tee house from Amönau, also called „pleasure house" or „Rapunzel house", was built between 1615 and 1616 by Hedwig von Bodenhausen *(right below)*.

La maison de thé, appelée aussi «maison de plaisir» ou «maison de Rapunzel» a été construite en 1615/1616 par Hedwig von Bodenhausen *(à droite en bas)*.

Die **Burg Mellnau** wurde 1248 von Erzbischof Siegfried III. von Mainz zur Behauptung seiner Herrschaft am Rande des Burgwaldes errichtet. Von hier aus konnten wichtige Handelsstraßen wie z.B. die „Weinstraße", der „Sälzerweg" und der Verkehr zwischen den Burgstädten Marburg und Frankenberg kontrolliert werden *(großes Bild)*.

The castle Mellnau was built in 1248 from the Archbishop Siegfried III from Mainz as an assertion of his rule at the edge of the Burgwald *(big photo)*.

L'archevêque Siegfried III de Mayence a fait construire le château de Mellnau en 1248 à l'orée du bois pour affirmer sa souveraineté *(grande photo)*.

Das **Dorfmuseum „Alter Forsthof"** in Oberrosphe enthält eine umfangreiche Sammlung von Gebrauchsgut dörflicher Kultur. Wechselnde Ausstellungen geben Einblick in das ländliche Leben, Handwerk und Landmaschinen *(oben rechts)*.

The village museum „Alter Forsthof" in Oberrosphe contains an extensive collection of articles of the village culture *(above right)*.

Le musée d'Oberrosphe «Alter Forsthof» possède une vaste collection d'objets villageois traditionnels *(à droite en haut)*.

LAHNTAL

Eine sagenumwobene Gesteinsformation auf dem Wollenberg bei Brungershausen soll das Zuhause von Wichtelmännern gewesen sein, die in dieser Felssiedlung hausten und nach Gold gruben. Menschliche Habgier vertrieb die kleinen Wesen, zurück blieben die Felsbrocken. So erhielten die Steine im Volksmund den Namen **„Wichtelhäuser“.** Sie liegen in knapp 400 m Höhe *(rechts)*.

Am Ortseingang von Brungershausen steht ein 200 Jahre altes **Backhaus.** Ursprünglich war es Teil einer Zollstation und liegt direkt an der Grenze zwischen dem Marburger Land und dem Hinterland *(unten)*.

The legendary stone formation on the Wollenberg Mountain is a favorite outing destination *(right)*.
At the town entrance to Brungershausen stands a two hundred year old bakery *(below)*.

Les rochers des lutins. Riche en légendes, cette formation géologique sur le Wollenberg est un but de promenade apprécié *(à droite)*.
A l’entrée de Brungershausen se dresse un fournil vieux de 200 ans *(en bas)*.

Die Gemeinde Lahntal liegt an der Deutschen Märchenstraße, da in ihrem Ortsteil Goßfelden der berühmte Illustrator und **Maler Otto Ubbelohde** (1867–1922) lebte; er verhalf der Grimmschen Märchensammlung fast hundert Jahre nach ihrem Erscheinen zu ihrer berühmtesten Ausgabe. Um das Werk des Künstlers in seinem Haus der Öffentlichkeit zugänglich zu machen, wurden 1994 die Otto Ubbelohde-Stiftung und ein Museum eingerichtet.

Studio of the painter Otto Ubbelohde. The famous illustrator and painter helped the Grimm's fairy tale collection to its most famous account.

Atelier du peintre Otto Ubbelohde. C'est à cet illustrateur et peintre célèbre que l'on doit la plus célèbre édition des contes des frères Grimm.

Die Vereine, die sich der Brauchtums-, Trachten- und Heimatpflege widmen, erfreuen sich großen Zuspruchs. Der Nachwuchs wird schon früh in die folkloristische Arbeit einbezogen, um überlieferte Originalität als festen Bestandteil der Heimatpflege zu übermitteln. Im Bild die **Kindertrachtentanzgruppe** Sterzhausen.

The children's traditional dance group Sterzhausen meets with general acclaim.

La troupe de danse folklorique des enfants de Sterzhausen a beaucoup de succès.

CÖLBE

Das **Hofgut Fleckenbühl** ist eine alte Gutsanlage aus dem 13. Jahrhundert bei Cölbe-Schönstadt. Sie gehört der Gemeinschaft „Suchthilfe Fleckenbühl". Seit 1984 kann dort Süchtigen geholfen werden, ihr Leben ohne Drogen neu zu beginnen. Fleckenbühl ist ein großer landwirtschaftlicher Betrieb, der die Bedingungen einer biologisch-dynamischen Agrarkultur erfüllt. Er verfügt über eine ausgezeichnete Käserei. Riesige Mengen von Kuhmilch und auch Ziegenmilch werden zu Frischkäse, Weichkäse und Schnittkäse verarbeitet.

The farmhouse Fleckenbühl is an old estate from the 13th century. Fleckenbühl is today a large farming operations, which fills the requirements for organic agriculture. Since 1984 drug addicts are helped to begin a new life here.

Le domaine de Fleckenbühl date du 13ième siècle. Fleckenbühl est aujourd'hui une grande exploitation qui remplit les conditions de l'agriculture biologique. Depuis 1984 des toxicomanes ont la possibilité à commencer une nouvelle vie ici.

Das **Schönstädter „Schloss“** ist ein Herrenhaus von 1750 mit einem spätmittelalterlichen Turm und neueren Anbauten an der Westseite *(oben)*.
Gut erhaltene **Fachwerkensembles** aus dem 17. und 18. Jahrhundert prägen das Ortsbild von Schönstadt *(rechts oben)*.

The „castle“ of Schönstadt is a mansion from 1750 with a tower from the late middle ages and a new construction on the west side *(above)*.
Half-timbered houses from the 17th and 18th century characterize the townscape of Schönstadt *(right above)*.

Le «château» de Schönstadt est une maison patricienne datant de 1750 avec une tour de la fin du Moyen Age et, sur sa face Ouest, des bâtiments plus récents *(en haut)*.
Des maisons à colombage caractérizent la physionomie de Schönstadt *(en haut à droite)*.

Viel Wert auf Tradition und Authentizität legt der Arbeitskreis Internationales Folklore-Festival Marburg-Biedenkopf während seiner jährlichen Ostermarktveranstaltung in Cölbe. Hier können Sammler die typischen **Mardorfer Eier** entdecken *(rechts unten)*.

The work group International Folklore-Festival Marburg lays much weight on tradition during its yearly easter market event in Cölbe *(right below)*.

L'Association du Festival International de Folklore attache beaucoup d'importance à la tradition lors du marché de Pâques qui se tient tous les ans à Cölbe *(en bas à droite)*.

MARBURG

Schon von weitem sichtbar ruht das **Marburger Schloss** auf einem mächtigen Berg hoch über der Altstadt. Die „Marburg" ist wesentlich älter als die nach ihr benannte Stadt. Reste eines Saalgeschosshauses lassen sich bis in die Zeit um 900 zurückverfolgen. 1138 wurde Marburg erstmals in einer Urkunde des Erzbischofs von Köln erwähnt. Im 13. Jahrhundert wurde die alte „Marburg" in eine gotische Fürstenresidenz umgebaut. Hinzu kam 1288 eine Schlosskapelle. 1471 veranlasste Heinrich III. eine Modernisierung der alten Residenz, es entstand 1493 an der Ostseite des Schlosses der Wilhelmsbau. Heute ist das Schloss ein repräsentatives Forum der Universität Marburg *(Seiten 40/41)*.

Already visible from far away, the Marburg Castle rests on a strong mountain high above the old town. The „Marburg" is much older than the city named after it. It can be traced back to the time around 900. Today the castle is a representative forum of the University of Marburg *(pages 40/41)*.

Haut perché et visible de loin, le château de Marbourg domine la vieille ville. Le «Marburg» est bien plus ancien que la ville qui lui doit son nom. On y a retrouvé des vestiges datant de l'an 900 environ. Le château est aujourd'hui un forum de l'université de Marbourg *(pages 40/41)*.

Eines der traditionsreichsten Gebäude der Stadt Marburg ist die **alte Universität** auf dem Felsen an der Lahn. Die Hochschule in Marburg, benannt nach Landgraf Philipp dem Großmütigen, wurde 1527 von diesem als erste deutsche protestantische Universität gegründet *(großes Bild)*.

Einer der zentralen Treffpunkte für Studierende der Universität Marburg ist die **Mensa** am Erlenring. Annähernd 18 000 Studenten bevölkern die Stadt, sie sorgen für eine internationale Atmosphäre und für ein typisches Flair der Cafés und Kneipen *(oben rechts)*.

One of the most tradition-rich buildings in the city of Marburg is the old university on the Lahn *(big photo)*.
One of the central meeting points for students at the University of Marburg is the cafeteria at Erlenring *(above right)*. Nearly 18,000 students populate the city.

Un des bâtiments de la ville de Marbourg les plus chargés de tradition est la vieille université au bord de la Lahn *(grande photo)*.
Le restaurant universitaire d'Erlenring est un des points de rassemblement des étudiants de l'université de Marbourg *(en haut à droite)*. Près de 18 000 étudiants peuplent la ville.

Die **Elisabethkirche** war schon im Mittelalter das Wahrzeichen der Stadt Marburg *(links)*. Die Kirche wurde nach dem Vorbild der französischen Kathedralen als gotische Hallenkirche in den Jahren 1235–1283 erbaut und gehört zu den frühesten gotischen Hallenkirchen in Deutschland. In der Sakristei der Elisabethkirche steht der sehenswerte goldene Elisabethschrein, der bis zur Reformation ihre Gebeine barg. Zwischen den 80 Meter hohen Türmen der Elisabethkirche befindet sich das um 1270 erbaute Westportal. Das **Tympanon** ist mit Wein- und Rosenlaub bedeckt, davor steht eine von zwei Engeln flankierte Muttergottes mit dem Jesuskind auf dem Arm *(oben)*.

The Elisabeth Church was a symbol of the city of Marburg *(left)* even in the middle ages. The church was built from 1235–1283 to imitate the French cathedrals as a gothic hall church. Between the 80 meter high towers of the Elisabeth Church one can find the West Portal, which was built in 1270 *(above)*.

L'église Ste. Elisabeth était dès le Moyen Âge l'emblème de la ville de Marbourg *(à gauche)*. C'est une église-halle gothique construite entre 1235 et 1283 sur le modèle des cathédrales françaises. Le portail Ouest construit vers 1270 se trouve entre les deux tours de 80 mètres de l'église Ste. Elisabeth de Marbourg *(en haut)*.

Das **Rathaus Marburg** wurde 1512 gebaut und 1581 mit dem symbolreichen Uhrturmgiebel von Eberdt Baldewein ergänzt. Bei jedem Stundenschlag kräht der Hahn, bläst der Wächter und dreht der Tod die Sanduhr. Das Rathaus ist ein hoher, dreigeschossiger Bruchsteinbau mit Staffelgiebeln und kleinen Ecktürmchen. Der historische große Saal des Rathauses wird heute für offizielle Empfänge genutzt. Vor dem Rathaus, auf dem Marktplatz, entfaltet sich wechselweise ein Marktgeschehen, ein Marktfrühschoppen oder auch ein Theaterspiel. Während des Balance-Tanz-Festivals begeisterte die australische Gruppe Strange Fruit auf Glasfiberstäben vor dieser historischen Kulisse Tausende von Zuschauern.

The town hall of Marburg was built in 1512 and supplemented with the clock tower from Eberdt Baldewein in 1581. At every hour the rooster crows, the watchman blows his horn and death turns the hourglass. In front of the town hall, on the market square, one can find a market, or morning drinkers or even a theater group.

L'hôtel de ville de Marbourg a été construit en 1512. Le pignon de la tour de l'horloge a été rajouté en 1581. A l'heure sonnante, le coq chante, le gardien sonne et la mort retourne le sablier. Devant l'hôtel de ville, la place du Marché accueille à tour de rôle marchés, «Frühschoppen» ou même représentations théâtrales.

Eine Zierde unter den vielen denkmalgeschützten Bauten Marburgs ist das historische Fachwerkhaus am oberen Steinweg, wo die Tradition des Marburger **Töpferhandwerks** bewahrt wird *(links)*. Noch heute entstehen dort typische Marburger Töpferwaren mit hessischen Motiven und Sinnsprüchen *(unten)*. Während der Blütezeit des Töpferwesens im heimischen Raum zwischen dem 17. und 18. Jahrhundert wurde in ca. 200 Töpfereien Keramik hergestellt. Die Marburger Irdenware besteht aus minderem Ton, den man nur bei Temperaturen um 1200 Grad brennen kann. Um ihn wasserundurchlässig zu machen wird er glasiert. Typisch für die Marburger „Dipperchen" ist die rot-braune, dunkelbraune und blau-grüne Farbe sowie die Schlickermalerei.

An adornment among the many historically protected buildings of Marburg is the historical half-timbered house where the tradition of the Marburg kettle ware is preserved *(left)*. Even today typical Marburg pots and pans with Hessian themes and sayings are made *(below)*.

Dans cette maison ancienne, un des nombreux bâtiments de la ville classés monuments historiques, se perpétue la tradition de la poterie de Marbourg *(à gauche)*. Aujourd'hui encore, on y fabrique les poteries typiques de Marbourg ornées de maximes et de motifs hessois *(en bas)*.

Der **Elisabethbrunnen** bei Schröck, Ortsteil Marburg, erhielt seinen Namen 1596 unter Landgraf Ludwig dem Älteren von Hessen-Marburg. Die heilige Elisabeth soll dort Kranke geheilt haben *(rechts)*.
Diese **Bäuerin** aus Ginseldorf gehört zu den wenigen Trachtenträgerinnen, die noch in ihrer Alltagstracht ihrer Arbeit nachgehen *(unten)*.
Nicht weit von ihrem Hof entfernt steht dieses mit Kratzputzornamenten verzierte **Backhaus** *(unten rechts)*.

The holy Elisabeth is supposed to have healed many sick people at the Elisabeth fountains in Schroeck *(right)*.
This farm woman from Ginseldorf belongs to the few who still go to work in their traditional costumes *(below)*.
A bakery with ornamental „Kratzputz" *(below right)*.

Ste. Elisabeth a paraît-il régulièrement guéri des malades à la fontaine Elisabeth de Schröck *(à droite)*.
Cette paysanne de Ginseldorf est une des rares femmes à encore travailler dans son costume de tous les jours traditionnel *(en bas)*.
Fournil à la façade décorée de façon traditionnelle *(en bas à droite)*.

Die große **St. Cyriacus Pfarrkirche** beherrscht das Ortsbild Bauerbachs mit einem wuchtigen spätgotischen, ehemals wehrhaften Turm mit einem hohen Spitzhelm und den vier Wiechhäusern *(großes Bild)*. Das **Kirchenschiff** ist in seinem Kern romanisch, erlebte aber im Verlauf der Jahrhunderte zahlreiche Umbauten *(rechts oben)*.

The large St. Cyriacus Parish Church dominates the view of Bauerbach with an massive late gothic tower *(big photo and above right)*.

L'église paroissiale St. Cyriaque de Bauerbach avec sa grosse tour de style flamboyant *(grande photo et en haut à droite)*.

Nordwestlich der Kirche St. Cyriakus ist dieser figürliche Balkenträger über einer Stalltür eines Bauernhofes zu entdecken. Die Funktion des **„Wilden Mannes“** beinhaltet Schutz vor Unheil *(rechts unten)*.

The function of the „Wild Man“ includes protection from evil *(right below)*.

Cet «homme sauvage» est chargé d'assurer la protection de la maison *(en bas à droite)*.

WEIMAR

Die **Synagoge Roth** *(oben links)* im Ortsteil Weimar war seit 1939 verwaist, erst am 10. März 1998 konnte sie nach vierjährigen Sanierungsarbeiten ihrer Bestimmung übergeben werden. Sie dient als Denkmal für die Vertreibung oder Ermordung der Rother Juden. Sie gehört in Hessen zu den wenigen erhaltenen Landsynagogen und ist daher ein überregional bedeutendes Zeugnis der Religiosität und Kultur des im Landkreis Marburg-Biedenkopf weit verbreiteten Landjudentums. Der **Innenraum** der Synagoge Roth dokumentiert die „Narben der Zeit und der Zerstörung“ *(links)*.

The Roth Synagogue serves as a monument to the expulsion or murder of the Roth Jews *(left above)*. The interior documents the „scars of time and the destruction“*(left)*.

La synagogue Roth rappelle continuellement la déportation ou l’assassinat des juifs de Roth *(à gauche en haut)*. L’intérieur témoigne des «cicatrices du temps et de la destruction» *(à gauche)*.

Malerisch fügt sich die **Kirche von Allna,** Ortsteil Weimar, in das Gesamtbild des Fachwerkdorfes ein. Die Kirche wurde 1782 als Fachwerkbau mit einem Haubendachreiter gebaut. Ihr Westportal ist mit schönen Schnitzereien versehen *(Seite 48 rechts)*.

Allna's church, built in 1782, fits like a painting into the whole picture of the half-timbered town *(page 48 right)*.

L'église d'Allna (1782) s'harmonise bien avec le village aux maisons à colombage *(page 48 à droite)*.

Zu den ältesten Mühlen des Landkreises Marburg-Biedenkopf gehört die **Mühle Argenstein** an der Lahn. Bereits 1332 wurde sie als Erbleihmühle erwähnt. Siebzehn verschiedene Mühlenbetreiber bewirtschafteten im Verlauf von ca. 460 Jahren das Anwesen. 1795 übernahm eine Familie Eidam die Mühle. Seit 1846 ist das Gebäude im Besitz der Familie Wenz *(oben)*.

The Argenstein Mill belongs to the oldest mills of the county. It was already mentioned in 1332 *(above)*.

Le moulin d'Argenstein, au bord de la Lahn, est un des plus vieux de l'arrondissement. Il est déjà mentionné en 1392 *(en haut)*.

FRONHAUSEN

Die **Bildnisgrabsteine** *(großes Bild)*, die in der Nähe der **Kirche Oberwalgern** *(oben rechts)* stehen, stammen alle aus der Zeit nach dem Dreißigjährigen Krieg. Die Grabsteine sind aus Sandstein gearbeitet. Auf ihrer Vorderseite gibt es bildliche Darstellungen über Szenen des Gekreuzigten und über die Familienmitglieder des Verstorbenen. Links des Kreuzes wurden die Männer, rechts des Kreuzes wurden die Frauen in ihren Trachten abgebildet. Zwei Drittel der Vorderseite des Grabsteins ist mit dem Lebenslauf des Verstorbenen versehen.

The tomb stones *(big photo)*, which are near the Oberwalgern Church *(above right)*, originate from the time after the thirty year war.

Les pierres tombales *(grande photo)* qui se dressent à proximité de l'église d'Oberwalgern *(en haut à droite)* ont toutes été posé au lendemain de la guerre de Trente ans.

Fronhausen hat trotz der Nähe zur Stadt sein dörfliches Erscheinungsbild bewahrt. Im Zuge der Dorferneuerung sind viele Häuser hervorragend saniert worden. Der Ort wurde 1159 zum ersten Mal urkundlich erwähnt und war ursprünglich ein Dorf mit Festungsanlagen. Oberhalb des großen Bauerngehöftes liegt die alte Wehrkirche mit einer neuntürmigen Haube, dem sogenannten Fronhäuser Kegelspiel *(großes Bild)*.

Breite **Sandsteintreppen** führen von rechts und von links zu dem Eingangsbereich der alten Häuser. Die gepflegte ländliche Atmosphäre wirkt einladend und gastfreundlich *(links oben und unten)*.

Fronhausen was first mentioned in records from 1159 and was originally a fortified town. Above the large farm yard lays the old fortress church with a tower with nine outlooks, the so-called Fronhaus Kegelspiel (bowling game) *(big photo)*. Large stairs made of sandstone lead to the entrances of the old houses *(left above and below)*.

Fronhausen est mentionné pour la première fois dans un document officiel en 1159. C'est à l'origine un village fortifié. Au-dessus de cette grosse exploitation se trouve la vieille église fortifiée avec sa calotte à neuf tours, aussi appelée le jeu de quilles de Fronhausen *(grande photo)*. Des escaliers en pierre de grès mènent aux entrées des vieilles maisons *(à gauche en haut et en bas)*.

EBSDORF

Ein Ausflug zum Schloss Rauischholzhausen *(großes Bild)* verspricht erholsame Stunden, denn ein weitläufiges Gelände mit einer wunderschönen Parkanlage lädt zum Spazieren ein. Das Schloss wurde in den Jahren 1871–1874 nach Plänen von Carl Schäfer gebaut. Englische Neugotik und deutsche Renaissance verbinden sich zu einem eigenwilligen Stil, der sich großer Beliebtheit erfreut. Das Schloss wird für Tagungen und Seminare von der Justus Liebig-Universität Giessen genutzt.

Der Weg zum Friedhof von Rauischholzhausen steigt stetig bis zu diesem **schmiedeeisernen Tor** an. Von dort eröffnet sich ein herrlicher Blick bis zur Amöneburg *(unten rechts)*.

The Rauischholzhausen Castle *(big photo)* was built from 1871 to 1874. English neo-gothic and German renaissance combine into a unique style, which is very well-liked.
The way to the cemetery from Rauischholzhausen goes steeply upward until it reaches this iron door *(right below)*.

Le château de Rauischholzhausen *(grande photo)* a été construit entre 1871 et 1874. Le néo-gothique anglais et la Renaissance allemande s'allient ici pour donner naissance à un style original très apprécié.
Le chemin qui mène au cimetière est très escarpé jusqu'à ce portail de fer forgé *(en bas à droite)*.

Der **Ebsdorfer Grund** ist wegen seiner fruchtbaren Böden als Kornkammer vor den Toren Marburgs bestens bekannt. Reiche Dörfer mit großzügigen Hofanlagen konnten sich entfalten. Zwischen 1990 und 2000 wurde eine intensive Dorferneuerung in Ebsdorf *(großes Bild)* durchgeführt, um die Schönheit der alten Gebäude in neuem Glanz erstrahlen zu lassen.

In Ebsdorf kann sich der Urlauber, Romantiker oder Naturkundler in den **Reitferien** dem Alltagsgeschehen entziehen *(unten rechts)*.

Because of its fruitful soil, the Ebsdorf ground is well known as the grain cabinet in front of the doors of Marburg. Rich villagers with large farm yards have been able to develop here *(big photo)*.

One can flee from everyday life on a riding farm in Ebsdorf *(right below)*.

La vallée d'Ebsdorf doit sa réputation de grenier à blé aux portes de Marbourg à ses sols fertiles. De riches villages aux exploitations de belle taille ont pu y prospérer *(grande photo)*.

On peut s'enfuir de la vie de tous les jours faisant des gites à cheval à Ebsdorf *(en bas à droite)*.

Die **Wittelsberger Warte** ist ein Turm, der auf dem Kirchberg westlich des Ortes Wittelsberg, Gemeinde Ebsdorf, steht. Der Turm wurde 1431 erbaut und diente dem Landgrafen Ludwig II. von Hessen als ein Vorposten der Burg Frauenberg gegen die Mainzische Festung Amöneburg und als Sicherung der alten Handelsstraße der „Langen Hessen". Wer durch die Allee die Treppenstufen zum Wittelsberger Kirchberg hinaufsteigt, wird oben mit einem herrlichen Rundblick belohnt.

The Wittelsberg watch-tower on the Kirchberg was built in 1431 and served Count Ludwig II in Hessia as a forepost to the Frauenberg Castle against the Mainz fortress Amöneburg and as security for the old trade roads of the „Long Hessia".

La tour de Wittelsberg a été construite sur le Kirchberg en 1431; elle servait au landgrave Louis II de Hesse d'avant-poste du château de Frauenberg (menacé par Amöneburg, une place-forte appartenant à Mayence) et assurait la sécurité de la vieille voie commerciale des «longs Hessois».

AMÖNEBURG

Amöneburg ist ein Ort, der inmitten des **Amöneburger Beckens** auf einem Basaltkegel in 365 Metern Höhe angesiedelt ist. Schon in vorgeschichtlicher Zeit war dieser Platz aufgrund der fruchtbaren Lössböden besiedelt. 721 kam Bonifatius nach Amöneburg und gründete ein Kloster. Die Anfang des 13. Jahrhunderts angelegte Stadt erlebte im Verlauf der Geschichte viele Verwüstungen. Von der wehrhaften Burg sind nur wenige Mauerreste geblieben. Heute ist Amöneburg ein beliebtes Ausflugsziel und ein angenehmer Wohnort. Schöne Ausblicke in das Land, hübsche Einblicke in eine historische Altstadt und ausgezeichnete Gastronomie garantieren eine erholsame Zeit.

Amöneburg is in the middle of the Amöneburg basin on a basalt cone at 365 meters. The city, founded at the beginning of the 13th century, has experienced many devastations in it's history. There are only small parts of the walls left from the fortified castle. Today Amöneburg is a favorite excursion destination.

Amöneburg se dresse au centre du bassin d'Amenöburg sur un cône basaltique, à 365 mètres d'altitude. Cette ville fondée au 13ième siècle a souvent été dévastée au cours de l'histoire. Il ne reste que de rares vestiges des murailles du château-fort. Amöneburg est aujourd'hui un but d'excursion apprécié.

Farbenprächtig und sehr schmuckvoll ist diese **katholische Tracht**, die auch heute noch von Frauen und Mädchen *(rechts)* zur Fronleichnamsprozession in Mardorf getragen wird. In lila, grünen, blauen, roten Röcken und Wämschen sowie bestickten seidenen Schürzen bieten die Trachtenträgerinnen ein buntes, festliches Bild. Typisch für die Tracht sind die gehäkelten oder gestrickten, zum Teil reich bestickten „Halstücher“ und Wollstrümpfe *(unten)*.

Colorful and very decorated is this catholic traditional costume, which even today is worn by women and girls to the Corpus Christi procession in Mardorf.

Ce costume coloré et richement orné est porté encore aujourd'hui à Mardorf par les femmes et les jeunes filles catholiques lors de la procession de la Fête-Dieu.

Am südlichen Rand des Amöneburger Beckens liegt **Roßdorf.** Große Höfe umsäumen den spätgotischen Wehrkirchhof, in dessen Zentrum die im 17. Jahrhundert errichtete katholische Pfarrkirche steht *(links)*. Der barocke Einfluss veränderte den ursprünglichen Bau der Roßdorfer Kirche. Reiche Stukkaturen und ein barocker Hochaltar schmücken den Innenraum des Gebäudes. Neben der Kanzel befindet sich die schöne Statue des **heiligen Josef** *(unten)*.

Large courtyards surround the late-gothic fortress in whose center the catholic Parish Church was built in the 17th century *(left)*.
Next to the pulpit one can find the beautiful statue of holy Joseph *(below)*.

Entourée de grandes farmes se trouve au centre du cimetière fortifié fin-gotique l'eglise paroissiale catholique du 17ième siècle *(à gauche)*.
Près de la chaire se trouve la belle statue du saint Joseph *(en bas)*.

KIRCHHAIN

Inmitten der von Heinrich II. im 12. Jahrhundert gegründeten Stadt Kirchhain steht am Marktplatz das außergewöhnliche und sehenswerte **Rathaus mit rotem Fachwerk** und steinernem Treppenturm von 1562. Der mächtige Fachwerkbau des Rathauses ist beispielhaft für die typisch hessische Form der Fachwerkgiebelhäuser.

In the middle of the city Kirchhain, which was founded by Heinrich II in the 12th century, is the market square where the attractive town hall stands in its red half-timbered style and with its stone step tower from 1562.

Au milieu de la ville de Kirchhain fondée par Henri II au 12ième siècle se dresse sur la place du Marché l'hôtel de ville avec ses colombages peints en rouge et sa tour de pierre de 1562.

Die auf einem Berghügel in der Ohmniederung gelegene Stadt Kirchhain ist von drei ansteigenden Straßenringen kreisförmig umgeben. Am äußersten Ring befindet sich in der Borngasse der **„Blaue Löwe"**, ein stattlicher Fachwerkbau aus dem Jahre 1612. Fränkische Erker, zwei große Torbögen und ein massives Untergeschoss sowie auffällig schöne Flachschnitzereien im Balkenwerk kennzeichnen dieses eindrucksvolle Haus.

„Blue Lion" is a half-timbered building from 1612 which belongs to the city. Frankish bays, two big arched gates and a massive cellar as well as striking beautiful carvings in the woodwork mark this impressive house.

Le «Lion Bleu», un imposant bâtiment à colombage de 1612. Des encorbellements franconiens, deux grandes portes cochères, un rez-de-chaussée massif ainsi que des poutres aux sculptures particulièrement belles sont les caractéristiques de cette maison impressionnante.

Stausebach, Ortsteil von Kirchhain, liegt am Rande des Amöneburger Beckens. Auf dem Weg von Himmelsberg nach Stausebach eröffnet sich dieser wundervolle Blick auf das Dorf und die spätgotische Wallfahrtskirche *(links)*.

Engel mit den zehn Geboten zieren in dekorativer Darstellung den glänzenden Türbeschlag der Kleinseelheimer Kirche *(oben)*.

On the way to Stausebach this wonderful view of the town and the late-gothic pilgrimage Church opens up *(left)*.
Angels with the ten commandments decorate the door of the Kleinseelheim Church *(above)*.

Magnifique vue sur le village de Stausebach et son église de pélerinage de style flamboyant *(à gauche)*.
Des anges portant les dix commandements ornent la porte de l'église de Kleinseelheim *(en haut)*.

Vor der neugotischen Kirche in Himmelsberg, Ortsteil Kirchhain, steht eine mächtige **Dorflinde** mit einer sehr breit ausladenden, von einem Holzgerüst gestützten Krone. Ihr Alter ist nicht genau definierbar, unterschiedliche Schätzungen vermuten eine Lebenszeit des Baumes zwischen 500 und 1000 Jahren *(großes Bild)*.

In Langenstein *(unten rechts)* ist ein prähistorischer **Menhir** von fast 5 Metern Höhe der Namensgeber des Ortes. Im Bild ist der riesige Stein an der Kirchhofsmauer links des Baumes zu sehen.

In front of the neo-gothic church in Himmelsberg stands a massive linden tree. The age of the tree is guessed to be 500–1000 years *(big photo)*.
In Langenstein a prehistorical menhir at about 5 meters tall is the namesake of the town *(right below)*.

Devant l'église néo-gothique de Himmelsberg se dresse un tilleul imposant. Il devrait avoir entre 500 et 1000 ans *(grande photo)*.
Langenstein doit son nom à un menhir préhistorique mesurant presque cinq mètres *(à droite en bas)* .

Nur noch wenige **Korbflechter** verstehen ihr Handwerk nach alter Tradition wie dieser Korbflechter in Niederwald. Er fertigt in seiner Werkstatt die typisch hessischen Körbe aus geschälter und ungeschälter Weide.

Only few basket weavers understand their craft in the old tradition like this basket weaver in Niederwald.

Ce vannier de Niederwald est l'un des derniers à exercer son art de façon traditionnelle.

Burgholz ist nicht nur wegen seiner schönen Lage und der phantastischen Aussicht vom Hunburgturm bekannt, sondern auch wegen seines kleinen privaten **Kutschenmuseums.** Ein leidenschaftlicher Sammler hat in seiner Scheune zahlreiche alte Kutschen und Pferdeschlitten zusammengetragen, die ein interessantes Bild der Fortbewegungsmöglichkeiten in vergangener Zeit dokumentieren.

Burgholz is not only well known because of its fantastic view from the Hunburg Tower, but also because of its small private coach museum.

Burgholz est non seulement connu pour la vue fantastique qu'on y a de la tour de Hunburg mais aussi pour son petit musée de calèches privé.

RAUSCHENBERG

Eingebettet in das schöne Waldgebiet des Burgwalds liegt die **Fachwerkstadt** Rauschenberg *(oben)*.

Im Mittelpunkt des Bildes ist die evangelische Pfarrkirche aus dem 13. Jahrhundert zu sehen. Zahlreiche schöne Fachwerkhäuser aus dem 16. Jahrhundert schmiegen sich an den Schlossberg. Vier breite Straßen aus vier Himmelsrichtungen führen entsprechend der mittelalterlichen Stadtstruktur zum Marktplatz und zu dem sehenswerten 450 Jahre alten **Rathaus** von Rauschenberg *(rechts)*.

Embedded in the beautiful forest area of the Burgwald lays the half-timbered town of Rauschenberg *(above)*. In the middle of the picture is to be seen the protestant parish church from the 13th century. Beautiful half-timbered houses from the 16th century nestle on the Schlossberg.
On the right is the 450 year old town hall from Rauschenberg.

La ville de Rauschenberg est située dans la belle région boisée de Burgwald. Au centre de la photo se dresse l'église paroissiale protestante du 13ième siècle *(en haut)*. De belles maisons à colombage du 16ième siècle se blotissent contre le Schlossberg.
A droite, l'hôtel de ville, vieux de 450 ans.

Nicht weit von Rauschenberg entfernt ist im Wohratal eine beeindruckende lange Allee *(großes Bild)* zu sehen, die von mächtigen Linden überdacht ist. Sie führt zur **Fiddemühle**, einem gutsähnlichen landwirtschaftlichen Betrieb.
Besondere **Töpferkunst** gibt es in Josbach, Ortsteil Rauschenberg, zu entdecken *(rechts)*. Vom Handwerk des Schmieds oder von anderer Handwerkskunst unserer Vorfahren erfährt man im **Hugenottenmuseum** in Schwabendorf *(unten rechts)*.

In Wohratal the impressively long avenue *(big photo)*, which is roofed by powerful linden trees, leads to the Fiddemuehle. Special ceramic art can be found in Josbach *(right above)*. One can find out about the hand craft of the smith in the Hugenott Museum in Schwabendorf *(right below)*.

Dans la vallée de la Wohra se trouve cette imposante allée bordée de tilleuls *(grande photo)* qui mène au Fiddemühle. Poteries typiques de Josbach *(en haut à droite)*.
Le Musée des Huguenots de Schwabendorf présente le travail du forgeron *(en bas à droite)*.

WOHRATAL

Halsdorf hatte große Bedeutung wegen seiner Lage an der Straße von Kassel nach Marburg und durch die Einrichtung einer Poststation. Stattliche Fachwerkhäuser aus dem 18. Jahrhundert faszinieren mit ihren imposanten Mansarddächern *(großes Bild)*.

Zum Schutz der Kinder hat man in Langendorf viele lustige selbstgebaute und bemalte **Holzfiguren** an den Straßenrand gestellt, um Autofahrer an vorsichtiges Fahrverhalten zu erinnern *(links oben)*.

Stately half-timbered houses from the 18th century in Halsdorf fascinate with their imposing attic roofs *(big photo)*.
For the protection of small children the village of Langendorf built wood figures, painted them and put them next to the streets *(left above)*.

De belle taille, les maisons à colombage du 18ième siècle de Halsdorf fascinent par leurs imposants toits mansardés *(grande photo)*.
Ces figures en bois peint installées le long des rues de Langendorf sont chargées d'assurer la sécurité des enfants en incitant les chauffeurs à la prudence *(en haut à gauche)*.

In der Nacht zum 1. Mai spukt es in vielen Orten des Landkreises Marburg-Biedenkopf. Burschenschaften sorgen für unterhaltsames Chaos durch Vertauschen von Gegenständen außerhalb der Wohnhäuser. Seit einigen Jahren organisiert sich im Gegenzug das weibliche Geschlecht zu einem „Hexentreffen“, um bei einem Gläschen Wein und offenem Feuer am Rande des Mönchswalds oberhalb von Langendorf die **Walpurgisnacht** zu feiern.

In the night of May 1st many villages in the area are haunted. Fraternities see to that there is entertaining chaos. On the other side of the spectrum, women meet for a glass of wine at an open fire on the edge of the Moench Forest to celebrate a Walpugis night.

Dans la nuit du 1er mai, beaucoup de lieux sont hantés. Des associations d'étudiants sèment un désordre sympathique. En contrepartie, les femmes se réunissent à l'orée du Mönchswald pour boire un verre de vin autour d'un feu de bois: elles fêtent ainsi la nuit de Walpurga.

STADTALLENDORF

Südlich von Stadtallendorf liegt **Schweinsberg** mit einer herrlichen Burganlage umgeben von wunderbaren, großen, historischen Fachwerkgiebelhäusern. Neben der im 13. Jahrhundert erbauten Burg gibt es viele Sehenswürdigkeiten im Ort zu bewundern, fast an jeder Nische sind schön geschnitzte Eckpfosten, maskenhafte Fratzen und Spruchbalken zu entdecken. Auch das Naturschutzgebiet Schweinsberger Moor mit seinen seltenen Vogel- und Pflanzenarten sowie das reizvolle Ohmtal sind ein lohnendes Ausflugsziel.

Schweinsberg, with its beautiful castle from the 13th century is surrounded by wonderfully large historical half-timbered gable houses. Also the nature protection area „Schweinsberger Moor“ with its endangered birds and plant types and the attractive Ohm Valley are worthwhile excursion destinations.

A Schweinsberg, le château du 13ième siècle est entouré de splendides maisons à colombage. La charmante vallée de l'Ohm et la réserve naturelle du marais de Schweinsberg, avec ses oiseaux et ses plantes rares, sont elles aussi des buts de promenades intéressants.

Schweinsberg ist Stammsitz des seit dem frühen 13. Jahrhundert bekannten, heute noch existierenden Geschlechtes der Schenken zu Schweinsberg. **„Der Fähnrichsbau“** wurde Mitte des 16. Jahrhunderts erbaut, das mit Rechteckfenstern, Pechnasen und Schießscharten ausgestattete Gebäude ruht auf einem mächtigen steinernen Untergeschoss.

Schweinsberg is home to the Schenk lineage to Schweinsberg which has been known since the 13th century and is still blooming today.

La famille Schenk zu Schweinsberg, connue depuis le 13ième siècle et aujourd'hui encore prospère, est originaire de Schweinsberg. Le «bâtiment du porte-drapeau» date du milieu du 16ième siècle.

Der Festungsbaumeister Hans Jakob von Ettlingen erbaute die äußere **Zwingermauer** von Schweinsberg. Sie wurde mit vier halbrund vorspringenden, kasemattierten Türmen und einem zur Stadtseite gerichteten, mächtigen, runden, dreigeschossigen Hexenturm ausgestattet.

The fortification architect Hans Jakob from Ettlingen built this outer cage wall from Schweinsberg.

C'est Hans Jakob von Ettlingen qui a construit l'enceinte extérieure des fortifications de Schweinsberg.

NEUSTADT

Seit dem 16. Jahrhundert findet jedes Jahr an Trinitatis ein großes **Volksfest** in Neustadt statt, das seinen Ursprung in der Kirchweih der katholischen Pfarrkirche im Jahre 1504 hat. Jährlich zieht ein langer Festzug mit vielen Gruppen in historischen Kostümen an dem 1558 erbauten eindrucksvollen Rathaus vorbei.

Since the 16th century, every year a large Folksfest takes place in Neustadt on the Feast of Holy Trinity. A long fest parade moves along in historical costumes past the town hall, which was built in 1558.

Depuis le 16ième siècle, une grande fête populaire a lieu tous les ans à la Trinité à Neustadt. Les groupes en costumes historiques défilent devant l'hôtel de ville construit en 1558.

Vom Neustädter Schlosshof eröffnen sich schöne Blickwinkel zu den umliegenden historischen Gebäuden. Dieser Fachwerkbau schließt sich an den ehemaligen **Burgsitz** des Dörnbergschen Amtmannes Reinhard Schenck an. Das Anwesen wurde im Verlauf der Geschichte stark verändert, 1891 wurde es an die katholischen Schwestern der Vincentinerinnen verkauft.

From the Neustadt castle courtyard beautiful views open up to the surrounding historical buildings.

Belle vue de la cour du château de Neustadt sur les bâtiments anciens environnants.

Nur noch geringe **Mauerreste** einer ehemaligen Stadtbefestigung sind in Neustadt vorhanden. Das historische Stadtbild zeichnet sich dennoch durch zahlreiche gut erhaltene Fachwerkhäuser aus. Sehenswert ist die Katholische **Pfarrkirche St. Johannes** mit einem verhältnismäßig niedrigen Turm aus dem 13. Jahrhundert.

Very few parts of the wall of a former city fortification can be found in Neustadt. Worthwhile is a view of the catholic Parish Church St. Johannes from the 13th century.

Il ne reste plus que quelques vestiges des anciens remparts de Neustadt. L'église paroissiale catholique St. Johannes du 13ième siècle mérite une visite.

Das Wahrzeichen Neustadts ist der **Junker Hansen-Turm.** Er überragt die Stadt mit 48 Metern Höhe, sein Durchmesser beträgt stattliche 12,60 Meter. Seinen Namen erhielt er nach dem Bauherrn Junker Hans von Dörnberg. Der Turm wurde 1480 mit einer spätgotischen Fachwerkkonstruktion zur Sicherung der Burg und der Stadt gebaut, vier kleine Wachhäuschen umsäumen seinen steilen Spitzhelm.

The symbol of Neustadt is the Junker Hansen Tower. It overlooks the city from 48 meters high. The tower was built in 1480 to protect the castle and the city.

L'emblème de Neustadt est la Tour du Junker Hans. Elle a été construite en 1480 pour assurer la protection du château et de la ville qu'elle domine du haut de ses 48 mètres.

Weitere Bücher aus dem Wartberg Verlag

Kathrin Stichnothe
Marburg – wie es früher war
Eine fotografische Zeitreise
72 S., geb., zahlr. S/w-Fotos
(ISBN 3-86134-447-5)

Rolf Wagner, Anette Ablass
und Judith Holstein
Das Lahntal
Städte und Landschaften in Farbe
deutsch/englisch/französisch
80 S., geb., Schutzumschlag, Großformat
(ISBN 3-925277-91-9)

Rudolf Knappe
Schlösser und Burgen in Nord- und Osthessen
Fotos und Geschichten über die schönsten und eindrucksvollsten Schlösser und Burgen dieser Region.
88 S., geb., Großformat, Farbfotos
(ISBN 3-86134-237-5)

Georg Eurich
Aus alter Arbeitszeit – Bäuerliche Berufs- und Lebensbilder 1948-1958
In den frühen Nachkriegsjahren wurden diese einmaligen Fotografien von der bäuerlichen Arbeitswelt aufgenommen.
80 S., geb., Großformat, S/w-Fotos
(ISBN 3-925277-34-X)

Georg Eurich
Photografien aus dem Dorfleben der 50er Jahre
Seit 1948 dokumentiert Georg Eurich mit seiner Kamera Land und Leute und brachte von seinen unzähligen Streifzügen durch die Dörfer seiner Heimat viele außergewöhnliche Aufnahmen mit.
72 S., geb., Großformat, S/w-Fotos
(ISBN 3-86134-108-5)

Georg Eurich
Kindheit in Hessen in den 50er Jahren
Die schönsten Fotos zum Thema Kindheit auf dem Land dokumentiert dieser Band – vom Bad im Dorfweiher bis hin zur Schulbank – Kindheitserinnerungen werden wach.
64 S., geb., Großformat, zahlr. S/w-Fotos
(ISBN 3-86134-363-0)

Ellen Fehr
Freizeitführer Region Mittelhessen
1000 Freizeittips, Sehenswürdigkeiten, Ausflugsziele
200 S., geb., zahlr. S/w- und Farbabb., Broschur
(ISBN 3-86134-546-3)

Zeitgenössisches Kunsthandwerk in Hessen
267 S., geb., zahlr. S/w- und Farbfotos
(ISBN 3-86134-358-4)

Wartberg Verlag GmbH & Co. KG
Im Wiesental 1, 34281 Gudensberg-Gleichen
Tel.: 0 56 03/9 30 50 • Fax: 0 56 03/30 83 • www.wartberg-verlag.de